Publicado originalmente en portugués como Para que serve?
Texto © José Maria Vieira Mendes, Planeta Tangerina 2020
Ilustraciones © Madalena Matoso, Planeta Tangerina 2020
Esta edición fue publicada bajo licencia de Editorial Planeta Tangerina,
Portugal, en acuerdo con Koja Agency.

Esta edición fue subvencionada en parte por la Direção-Geral do Livro, dos
Arquivos e das Bibliotecas (DGLAB), Portugal

REPÚBLICA
PORTUGUESA

CULTURA
DIREÇÃO-GERAL DO LIVRO, DOS ARQUIVOS E
DAS BIBLIOTECAS

© 2023, de esta edición: Editorial Destellos

Dirección editorial: Laura Rexach Olivencia

Traducción: Jacqueline Santos Jiménez

Para información escribir a:

Editorial Destellos LLC
1353 Ave. Luis Vigoreaux, PMB 768, Guaynabo, PR 00966
info@editorialdestellos.com

ISBN: 978-1-95-847990-2

Impreso en China.
www.editorialdestellos.com

EDITORIAL
DESTELLOS

¿PARA QUÉ SIRVE?

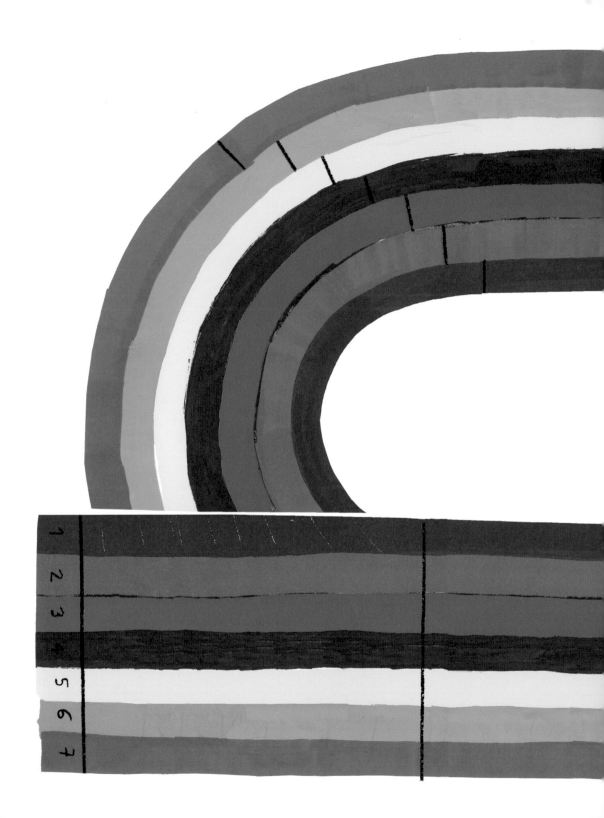

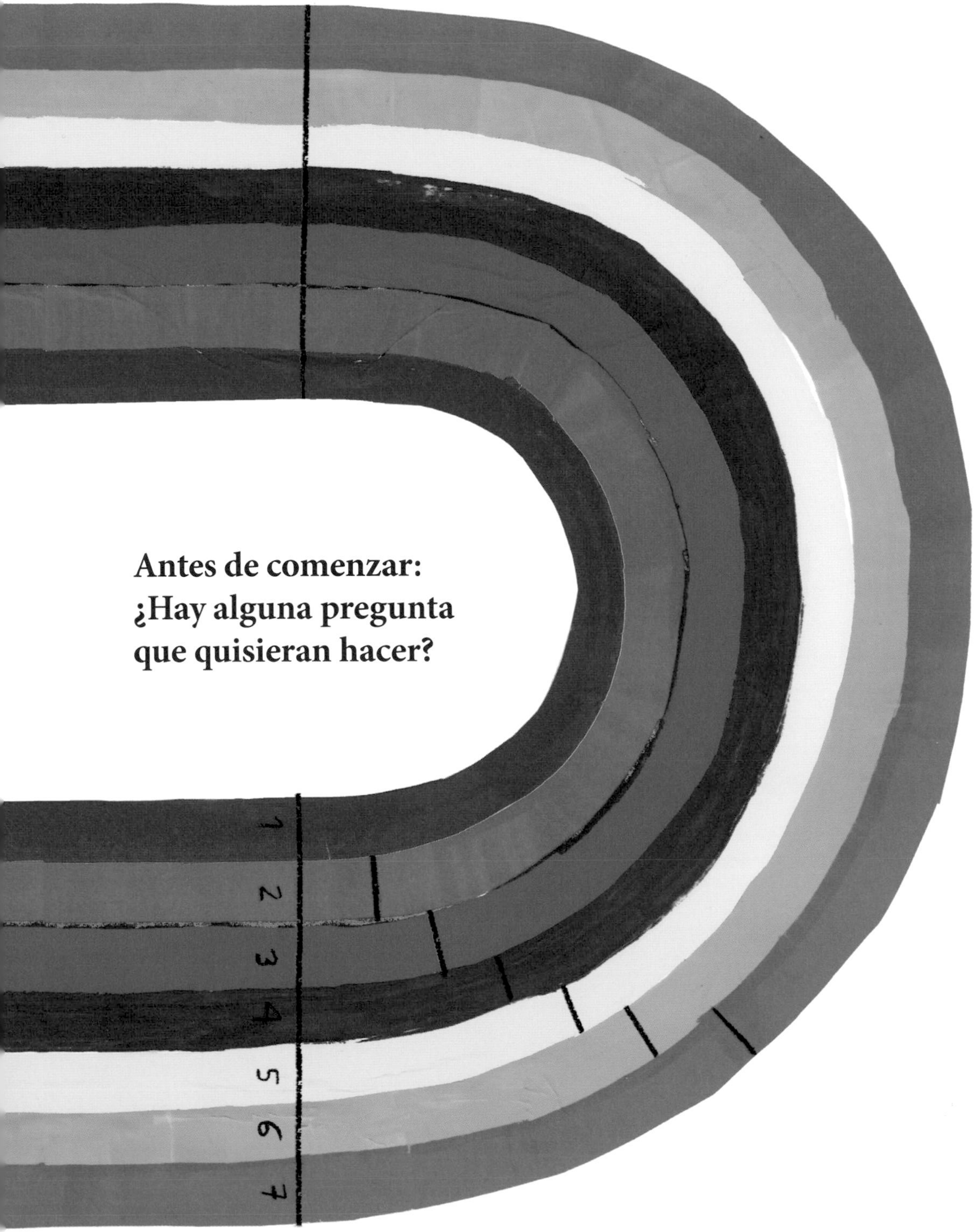

**Antes de comenzar:
¿Hay alguna pregunta
que quisieran hacer?**

1

2

3

4

5

6

7

¿Quién conoce el título de este libro?

¿Para qué sirve?

¿Ya habían escuchado esta pregunta?
¿Para qué sirve esto?

¿Aquello?

¿Esto otro?

¿Para qué sirve?
Es una pregunta que se pregunta muchas veces...

¿PARA QUÉ SIRVE preguntar PARA QUÉ SIRVE?

¿Qué es esto?

¿Y para qué sirve?

¿Y esto?

¿Y esto?

¿Y esto?

¿Y esto?

Hay cosas que nosotros
sabemos para qué sirven.
(Son cosas que sirven para
poco y por eso es más fácil
saber para qué sirven.)

Y ahora esto:

Estas cosas son aquello
para lo que sirven.
Son cosas que dicen
en su nombre aquello para
lo que sirven.

CORTAUÑAS = CORTAR UÑAS

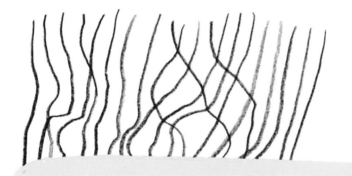

PEINE = PEINAR

SACAPUNTAS = SACAR PUNTAS

SACACORCHOS = SACAR CORCHOS

CEPILLO DE DIENTES = CEPILLAR DIENTES

**¿Recuerdan alguna otra cosa que
sea aquello para lo que sirve?**

También hay cosas que sirven para muchas cosas.

Los celulares, por ejemplo.
¿Para qué sirven?

ESCUCHAR MÚSICA

JUGAR

VER LA HORA

USAR INTERNET

GRABAR

MANDAR MENSAJES

HACER LLAMADAS

FOTOGRAFIAR

ESCRIBIR NOTAS

VER VÍDEOS

CONSULTAR MAPAS

Vamos a recapitular para que nadie se pierda:

PUNTO UNO:
Hay cosas que
nosotros sabemos
para qué sirven.

PUNTO DOS:
Hay cosas que
son aquello
para lo que sirven.

PUNTO TRES:
Hay cosas que
sirven para
muchas cosas.

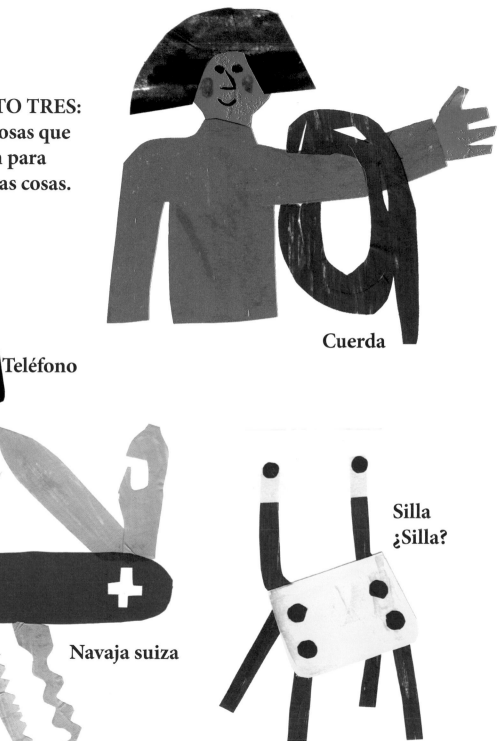

Cuerda

Teléfono

Silla
¿Silla?

Navaja suiza

SANITARIO-MACETA

SILLA PARA LLEGAR MÁS ALTO

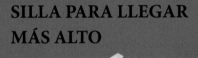

SOMBRERO-FRUTERO

¿Qué pasó aquí?

SÁBANA- ESCALERA

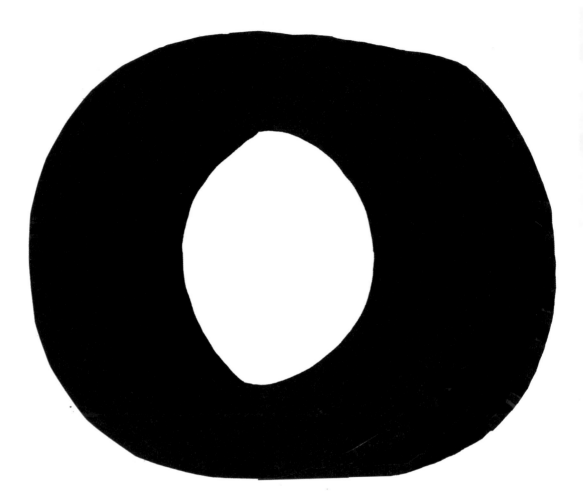

Hay cosas que sirven para lo que nunca pensaron servir.
Son cosas de las cuales nosotros nos servimos.
Porque las cosas también sirven
para lo que queramos que sirvan.

**Vamos a recapitular para
que nadie se pierda:**

PUNTO UNO:
**Hay cosas que
nosotros sabemos
para qué sirven.**

PUNTO DOS:
**Hay cosas que
son aquello para
lo que sirven.**

PUNTO TRES:
Hay cosas que
sirven para
muchas cosas.

PUNTO CUATRO:
Hay cosas que
sirven para
lo que nunca
pensaron servir.

Pregunta:
¿Será que hay cosas
que no sirven
para nada?

Es difícil encontrar cosas que no sirven
para nada porque, cuando una cosa
no sirve para nada, muere, se queda
inmóvil y olvidada, a la espera
de que le demos otra utilidad.

¿PARA QUÉ SIRVE, entonces, preguntar PARA QUÉ SIRVE?

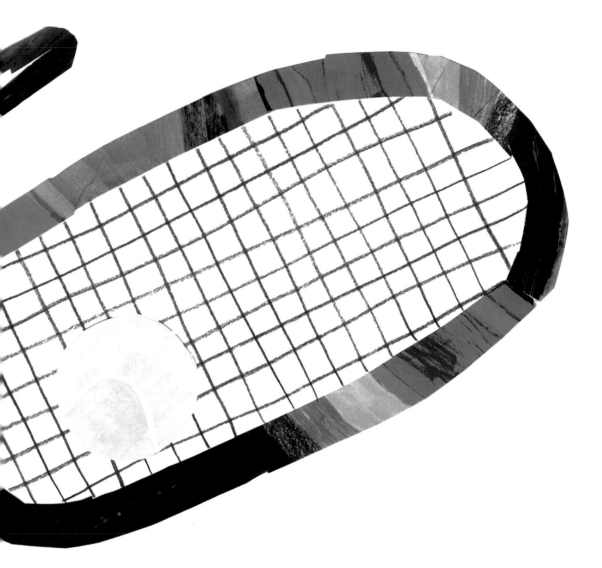

Para tener la certeza
de que una cosa existe.

Pero, recordé otra razón:
Imaginen que le enseño una bombilla
a esta dama del pasado.

DAMA:
¿Qué es esto?

YO:
Bombilla

La dama seguía sin saber lo que era - el nombre
no es suficiente y por eso ¿qué pregunta debía hacer?
La pregunta mágica: ¿PARA QUÉ SIRVE?
La pregunta "Para qué sirve" nos ayuda
a saber lo que una cosa es.

Para qué sirve una cosa
= Qué es una cosa.

Vamos a recapitular
para que nadie se pierda:
¿Para qué sirve preguntar para qué sirve una cosa?

PUNTO UNO: Para dar existencia a la cosa.

PUNTO DOS: Para saber lo que la cosa es.

¿Pero será que la pregunta "Para qué sirve"?
nos ayuda siempre a dar existencia a las cosas
y saber lo que son las cosas?

¿Tendrá sentido preguntar para qué sirve, por ejemplo...

un rinoceronte?

¿Para qué sirve un rinoceronte?
¿Para qué sirve un sueño?
¿Para qué sirve un cuadro en un museo?

¿Para qué sirve
preguntar
para qué sirve?

Preguntar a un rinoceronte para qué sirve
no nos ayuda a percibir lo que él es.

Cuando veo un rinoceronte, la primera idea que
se me ocurre no es intentar saber para qué sirve.

Pero si me pusieran
en las manos
un sacacorchos
tan complicado
que no sé lo que es,
sólo voy a saber
lo que es cuando
sepa para qué sirve.

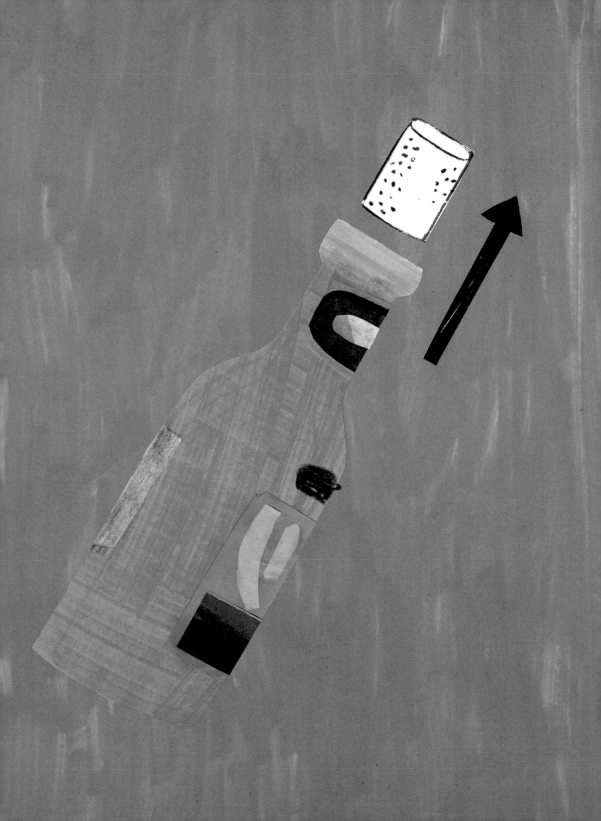

Esto no quiere decir que los rinocerontes
o los cuadros en los museos o las personas
o las flores no sirven para nada,
sólo quiere decir que, al contrario de un
sacacorchos, no estamos preocupados
en saber para qué sirven esas cosas.

No es eso que hace de ellas
cosas que existen.

**No es esto lo que hace
de esas cosas lo que ellas son.**

Antes de terminar,
¿hay alguna pregunta
que quieran hacer?

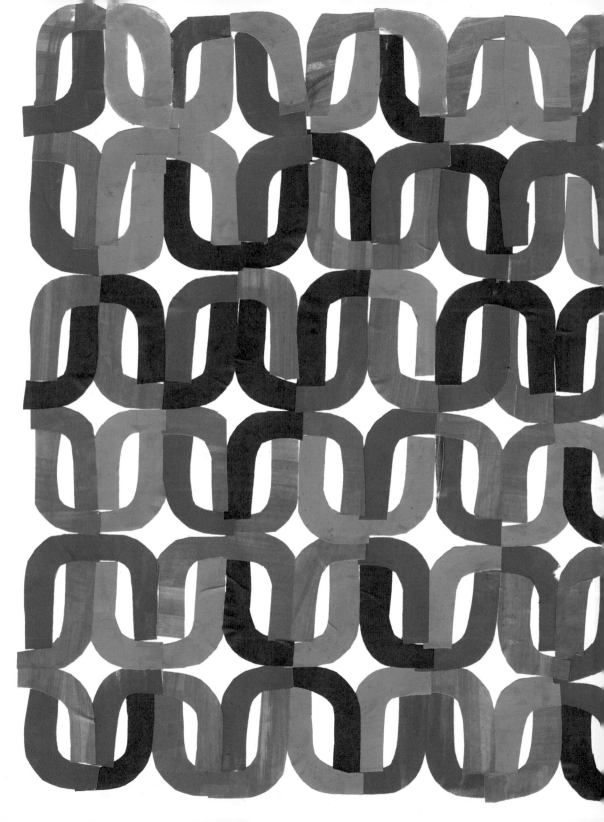